ERNEST CHABRAND

Ingénieur des Arts et Manufactures, ☒ A.
Membre de la Société Dauphinoise d'Ethnologie et d'Anthropologie
et de la Société de Statistique de l'Isère

Bibliothèque Historique du Dauphiné

ORIGINE ÉTYMOLOGIQUE

et Signification

du

Nom de Gap

GRENOBLE
Xavier DREVET, éditeur
IMPRIMEUR-LIBRAIRE DE L'ACADÉMIE
14, rue Lafayette, 14
SUCCURSALE A URIAGE-LES-BAINS

SIGNIFICATION DU NOM DE GAP

Ernest CHABRAND

Ingénieur des Arts et Manufactures, O A.

Membre de la Société Dauphinoise d'Ethnologie et d'Anthropologie
et de la Société de Statistique de l'Isère

Bibliothèque Historique du Dauphiné

ORIGINE ÉTYMOLOGIQUE

et Signification

DU

Nom de Gap

GRENOBLE

Xavier DREVET, éditeur

IMPRIMEUR-LIBRAIRE DE L'ACADÉMIE

14, rue Lafayette, 14

SUCCURSALE A URIAGE-LES-BAINS

Publication du Journal *LE DAUPHINÉ*

Fondateurs : Louise DREVET et Xavier DREVET

Directeur : Xavier DREVET

GRENOBLE

ORIGINE ÉTYMOLOGIQUE

ET

SIGNIFICATION DU NOM DE GAP

GAP est le nom à l'aide duquel, depuis bientôt sept siècles, les géographes désignent le chef-lieu du département des Hautes-Alpes.

Quelle est l'étymologie de ce vocable ? Quelle est sa signification ?

En thèse générale, il est toujours difficile de retrouver l'origine des noms propres géographiques, les noms primitifs dont ils sont issus appartenant pour la plupart à des idiomes éteints ou à des langues oubliées et ayant été, on le sait, plus ou moins altérés par le temps, défigurés par le langage local et l'ignorance des scribes, oblitérés et rendus presque méconnaissables par un long usage.

Il faut, pour avoir quelque chance d'aboutir dans ses investigations étymologiques, à un résultat à peu près certain, posséder des notions aussi précises que possible, au moins sur la topographie primitive des lieux que l'on se propose d'étudier au point de vue toponomastique et sur les différentes races ou individualités ethniques qui, lors des premières migrations humaines, ont occupé le sol de la contrée où ils se trouvent. La connaissance des divers états morphologiques, par lesquels ces noms propres ont passé et surtout des formes les plus anciennes qu'ils ont revêtues avant d'arriver à leur forme grammaticale actuelle, n'est pas moins utile ; elle permet d'enchaîner les unes aux autres les formes intermédiaires ou de passage et en remontant ainsi, par transitions graduelles, de la dérivée à la primitive, de découvrir la forme préexistante, le radical, c'est-à-dire l'organe lexicologique fondamental. On conçoit, sans peine, qu'une langue près de son berceau est plus semblable à la langue d'où elle provient.

C'est le vocabulaire des premiers peuples migrateurs installés dans la contrée, autrement dit, des autochtones, si limité qu'il ait été, par la raison bien simple que ces premiers colons vivaient dans un cercle borné d'idées et de besoins, qui fournira, bien souvent, la clef de certaines dénominations géographiques qui, de nos jours, se présentent à nous comme d'indéchiffrables hiéroglyphes.

L'histoire ne serait-elle pas là pour l'affirmer, il n'est pas absurde de penser que des lambeaux ou des débris de l'idiome des races aborigènes, notamment les noms qui avaient une signification appellative (*Verba appellativa*) et leur servaient à désigner les objets qui ne changent pas, les montagnes, les rivières, les forêts, par exemple, ont pu échapper, dans le tumulte des invasions, à l'action dissolvante exercée par les langues des nationalités nouvelles, des races supérieures qui les avaient supplantées ou conquises, tels des îlôts que l'érosion a négligé d'entamer ou a été impuissante à détruire et qui, émergeant d'une couche épaisse d'alluvions, restent comme les témoins ou les reliques du substratum primaire enseveli sous ses matériaux.

« Une seule chose persiste et brave les siècles, disait M. Pillet (1), lors du congrès scientifique de « France, dans sa session tenue à Chambéry, au mois « d'août 1863, c'est le nom assigné à la montagne, au « cours d'eau, au moindre groupe d'habitations. Cette « parole jetée au vent par le premier colon se trans-« met d'âge en âge répétée par des générations qui « n'en comprennent plus le sens ; elle devient un mo-« nument plus durable que le marbre et le bronze ».

Pierquin de Gembloux exprimait la même idée

---

(1). *Étude philologique sur la prononciation et l'orthographe des noms propres en Savoie.*

quand il écrivait, en 1858, dans son *Histoire litté-raire des Patois*, « les peuples peuvent bien, sans « doute, changer d'idiomes, mais sans jamais perdre « néanmoins la valeur des premières dénominations « topiques, parce que, en effet, les accidents géolo-« giques des localités ne varient point et qu'ils trou-« vent plus commode ensuite de traduire l'ancien « nom dans l'idiome nouveau, seul moyen d'être fa-« cilement intelligible ».

Après les savantes recherches ethnologiques du siècle dernier, on est assez d'accord, aujourd'hui, pour affirmer que les premiers occupants du sol de nos contrées alpines furent des Celtes, d'origine aryenne, dont la migration fut suivie, longtemps après, d'une migration de peuplades Ibériennes et Ligures, venant, les unes d'Espagne, les autres de la péninsule italique. Le contact de ces agrégations d'hommes, de nationalité distincte, eut pour résultat de produire, à la longue, une fusion des sangs, des croisements, en un mot, des métissages, d'où sortit une race que les historiens et les géographes ont désigné sous le nom de Celto-Ligures ou Celto-Ibères et d'Ibéro-Ligures.

Ce sont ces hordes celtiques, ces Ibères mélangés qui fondèrent la plupart des bourgs ou villes des val-lées de nos Alpes ; ce sont eux, qui, les premiers, ont baptisé d'un nom tiré de leur idiome, d'un nom topi-que, vivant, ces villes et ces bourgs, nos montagnes, nos forêts, nos cours d'eau et de même qu'il s'accom-plit un mélange de races, il se produisit parallèlement

un mélange des idiomes, ce qui fournit l'explication
de la forme hybride de quelques noms propres géographiques de notre région, de certains noms à double
élément, appellations bilingues où un mot celtique
est accouplé à un mot d'origine ibérienne.

C'est donc dans l'idiome des Celtes et des Celto-
Ligures ou des Celto-Ibères que l'on aura le plus de
chances de trouver l'origine des noms propres géographiques appliqués aux villes, aux centres d'habi-
tation dont l'ancienneté d'origine est incontestée et
peut être rapportée avec quelque vraisemblance à
l'époque préromaine et non dans la langue forgée
dans le Latium et importée dans les Alpes par les lé-
gions victorieuses de César et les colons romains,
comme l'ont prétendu certains philologues dont la
partialité et l'esprit de système, rappelant le fana-
tisme des *Celtomanes*, avaient érigé en dogme que
tout est romain dans notre pays, parce que les Romains y ont campé et ont imposé, sous le glaive,
disent-ils, leur langue en même temps que leur auto-
rité et leur civilisation à la race vaincue, peu à peu
absorbée ou éliminée sous leur poussée.

L'idiome Celto-Ibère ne disparut pas tout entier
comme abîmé et perdu sous l'alluvion romaine; parmi
les noms authentiquement celtes ou ibères, plusieurs
ont survécu (1); débris déformés, altérés, il est vrai,

---

(1) Les noms de lieux, de cours d'eau, les noms des régions natu-
relles de nos Alpes fournissent de fréquents exemples de cette survi-

par le vainqueur, à cause de la difficulté qu'il éprouvait à figurer par ses combinaisons graphiques, par ses lettres, les éléments phonaires de mots, à forme très brève, rapide, ininteligibles pour lui, nouveaux à ses oreilles, appartenant à une langue qui ne s'écrivait pas et articulés par les bouches des races aborigènes mélangées, à cause, aussi, de la nécessité où il se trouvait de les plier aux exigences euphoniques de sa langue, de les adapter à son clavier phonétique (1) et de l'habitude qu'il avait pour les naturaliser romain, pour les *romaniser*, de les prolonger à l'aide d'un appendice latin ; néanmoins ces débris conservent encore sous ce masque quelque chose de leur antique physionomie ; malgré la distance, il leur reste encore un reflet visible de leurs origines.

---

vance, tels, pour n'en citer que quelques-uns, *Briançon*, *Embrun*, *Le Queyras*, *la Durance*, *etc.*, qui passèrent dans la langue romaine et sont restés, jusqu'à nos jours, les noms officiels.

(1) On sait combien de variations phonétiques subit un même mot, sous l'intonation du parler des mille bouches qui l'articulent, tant les multiples organes (larynx, bouche, langue, lèvres, dents, nez) qui constituent l'appareil vocal présentent de diversités de conformations, tant l'émission des sons doit nécessairement se nuancer à l'infini, tant aussi, l'oreille perçoit les sons de diverses façons, selon qu'elle est plus ou moins délicate, plus ou moins scrupuleuse.

N'avons-nous pas des exemples de noms de lieux dénaturés et dépouillés de toute signification, dans les fantaisies cartographiques auxquelles se sont livrés, sur notre carte d'état-major, les officiers chargés de la notation des noms de lieux et cela parce que ces noms articulés par une bouche de paysan, dans son patois local, n'étaient pour leurs oreilles que des sons vides de sens et sans valeur.

Gap est rangé par les savants archéologues qui ont étudié son histoire, à travers les âges, parmi les villes qui, comme *Briançon, Embrun*, etc., ont une origine celtique. Ces savants lui assignent, comme emplacement, lors de sa fondation par les premiers occupants du sol, le flanc occidental du monticule de Saint-Mains, au S.-E. de la ville actuelle et aux pieds duquel coule La Luye.

A ces époques primitives où l'homme vivait dans un état précaire, toujours armé, n'ayant d'autre souci que d'envahir le territoire du voisin, la sécurité lui commandait, toutes les fois que les conditions topographiques du sol le permettaient, d'asseoir ses habitations sur un sommet de colline ou sur une éminence et en arrière des cours d'eau. c'est-à-dire dans une position qui difficilement accessible et facilement défensible les rendit inexpugnables, les mit à l'abri d'un coup de main.

Or, de toutes les éminences qui environnent Gap et forment comme un amphithéâtre, la hauteur de Saint-Mains était, en effet, celle qui se prêtait le mieux à la défense comme à la surveillance, car elle permet d'embrasser d'un seul coup d'œil toute la vallée de la Durance. Il est donc très naturel de penser que le Gap celtique occupait la position stratégique que lui offrait ce monticule. (1)

____

(1) Sur ce monticule, furent découvertes jadis des statuettes en bronze d'un caractère gallo-grec incontestable, dit Pierquin de Gemblous. De ce nombre était une jeune lionne, à mamelles pen-

Ce n'est qu'au stade d'une civilisation plus avancée et par étapes successives, lorsque la population se fut accrue et qu'une sorte de sécurité fit place à l'état de qui-vive permanent d'autrefois, que l'ancienne ville haute descendit dans la vallée et devint la ville basse actuelle, d'origine moderne.

A l'époque gallo-romaine, le Gap celtique était devenu une *Mansio* sur la grande voie des Alpes Cottiennes et sur celle de la Durance (*Domitia*).

Les formes anciennes de son nom sont les suivantes:

Vappincum. Vases Apollinaires (Ier ou IIe siècle).

Vapingum. Itinéraire d'Antonin (IVe siècle).

Vapinco, Vapingo. Itinéraire de Bordeaux à Jérusalem (IVe siècle).

Vapincum. Table de Peutinger (Ve siècle).

Bapincum. Géographe de Ravenne (IXe siècle).

Vapincum, Guapincum (XIe siècle) (1).

Civitas Apencensium, Vapencentium, Vapetentium, Vapingensium, Vapecensium, Apennensium. Gapicensium, Vapensium — d'après Saint-Isidore — VIIe siècle. (2)

Vapigensis — d'après Grégoire de Tours — VIe siècle (2).

Pagus Vuapencensis. — Testament du patrice Abbon — 5 mai 739.

---

dantes, qui faisait partie des collections de ce savant. Des fouilles y ont mis au jour des vestiges d'un camp romain.

(1) J. Roman, *Dictionnaire topographique des Hautes-Alpes*.

(2) J. Ladoucette, *Histoire des Hautes-Alpes (1848)*.

Sur des pièces Mérovingiennes que les Numismates prétendent avoir été frappées dans un atelier monétaire qui existait à Gap, on lit le nom de : *Vapponaco*.

C'est en 1215 que la forme *GAP* apparaît enfin et devient la forme officielle du nom du chef-lieu des Hautes-Alpes.

Malgré les multiples orthographes dont les scribes anciens se sont servis pour l'écrire, malgré les évolutions nombreuses de sa forme grammaticale, une analyse du corps du mot, son anatomie y révèlent deux membres distincts, l'un, variable, constitué par les syllabes terminales, le *suffixe*, la désinence, en un mot : *incum, ingum, encensis*, l'autre, plus stable, presqu'immuable en sa forme, c'est le *radical* : *Vap, Wap, Bap, Guap*.

On a proposé diverses étymologies de ce nom, fantaisistes ou puériles pour la plupart et dont les auteurs me semblent avoir fait plus œuvre d'imagination que de jugement. Certain savant, aux yeux duquel la langue latine paraît devoir être la souche des noms propres géographiques de notre région, traduisant le mot inconnu *Vapingum* par deux mots latins, dont la combinaison de sons et la constitution syllabique offrent quelque ressemblance avec lui, a fait venir ce nom de *Vallis pinguis* (vallée grasse ou fertile), concluant ainsi d'une similitude, d'une analogie apparente à une parenté qui n'est qu'imaginaire.

Dom J.-B. Bullet qui fut professeur de la Faculté de théologie de Besançon, dans ses *Mémoires sur la langue Celtique* (1754-1760), tire ce mot de deux mots

celtiques : *Wapin* (armes). et *Cain* (belles), sans doute,
dit-il, parce que les *Vapincenses* se distinguaient
des autres peuplades alpines par leurs belles armes.

S'il faut en croire un savant archéologue doublé
d'un philologue, M. Pierquin de Gembloux, le nom
de Gap dérive des mots *Val* ou *Wal* (heureux), conservé encore dans le bas-breton et *Alp* (sommet), conservé dans la langue néo-latine, dit-il. des habitants
des Hautes-Alpes. Gap voudrait donc dire *Sommet
heureux*, par allusion à son emplacement protohisto-
rique sur le monticule de St-Mains *(Lettre à M. Gau-
tier, conseiller de préfecture des Hautes-Alpes, sur
les antiquités de Gap (1837)*. Enfin. d'après Peuchet
et Chanlaire, *(Description topographique et statistique
de la France — Département des Hautes-Alpes —
1810)*, le nom de Gap est d'origine celtique et vient
du mot *Vap*, signifiant lieu enfoncé, vallée profonde,
ce qui, font-ils observer, répond à sa position.

C'est parce qu'aucune de ces étymologies ne m'a
paru satisfaisante que j'ai été tenté de chercher une
autre origine et une autre interprétation du mot. C'est
le résultat de mes recherches et de mes conjectures
que, dans cette note, je livre à la critique des érudits ;
si l'étymologie que je propose n'est pas vraie, elle me
semble, tout au moins, plus vraisemblable que celles
que je viens de passer en revue, et j'aime à croire
qu'elle ne sera pas indigne de fixer l'attention de ceux
qui s'occupent de linguistique et principalement de
ceux qu'intéresse l'histoire des origines des noms de
lieux de notre pays.

Le propre des langues dans l'enfance ou des langues pauvres est d'enfanter des vocables qui, créés d'instinct, spontanément, sous l'empire de la nécessité, à la vue des objets de la nature inanimée qui frappent et impressionnent les sens, sont de véritables expressions diaphanes, comme des images vivantes, on pourrait presque dire, une photographie des formes, de la plastique ou des caractères spécifiques des objets qu'il s'agit de peindre par la parole. En d'autres termes, les noms propres géographiques actuels ont été primitivement des noms communs significatifs, des appellations parlantes, pittoresques, ingénieusement appropriées à la physionomie des objets dénommés et auxquelles sont toujours attachés un sens ou une idée.

C'est ainsi que les montagnes, les cours d'eau étaient désignés par des mots génériques ou des radicaux, auxquels l'addition d'une abondante variété de suffixes ou de désinences, permettait d'indiquer les mille formes des premières, l'allure, l'importance et les autres circonstances particulières des seconds, que les lieux habités portaient des noms qui, dépeignant les particularités caractéristiques de leur situation topographique, servaient ainsi à les individualiser. En effet, *Embrun*, par exemple, perché sur son rocher escarpé, au-dessus de la Durance, tire son nom d'*Ebrodunum* signifiant : *hauteur au-dessus de l'eau* et dérivé de deux mots celtiques : *ew*, ayant la signification d'eau et *dun*, celle de hauteur. *Avignon* vient de *Avenio*, même radical *ew*. *Gênes* et *Genève*, villes situées, l'une au fond d'un golfe, l'autre au déversoir du lac Léman, tirent leur nom de deux radicaux celtiques : *Gen* qui veut dire tête ou embouchure et *ew*, eau. *Evian*, sur les bords du lac de Genève, a pour origine le même radical celtique, *ew*.

C'est en m'inspirant de ces quelques considérations que j'ai été amené à examiner si, en l'espèce, les conditions topographiques particulières du Gap celtique ne me fourniraient pas le moyen de trouver la genèse de son nom et de justifier l'étymologie que je vais en donner.

Le monome *Wap, Vap, Vuap, Bap, Guap, Gap*, qui, sous cette forme trilittère ou quadrilittére, a les allures d'un élément lexicologique simple, irréductible, en un mot, d'un radical, m'apparaît, au contraire, comme un organe composite, amené à cette forme abréviative, contractée, par les transformations phonétiques que le langage lui a fait subir.

J'incline à penser qu'il dérive de deux radicaux, d'origine celtique : l'un, *aw* ou *ew*, terme générique indiquant l'eau, dans la langue celtique ; l'autre, *penn*, exprimant l'idée de montagne et dont l'assemblage donne naissance au binome *awpenn* ou *ewpenn* qui voulait dire : *Rocher ou pic de montagne au-dessus de l'eau*, par allusion à la situation de la colline de St-Mains, au pied de laquelle coule La Luye, ou, peut-être mieux, dont le pied était baigné, à l'époque celtique, par les eaux d'un étang ou d'un lac, qui occupait le fond de la vallée où le Gap moderne est bâti, comme *evdun, ebrodun*, nom celtique d'Embrun, signifiait : *hauteur escarpée au-dessus de la rivière* ; *penn* et *dun* exprimant deux formes diverses du relief du sol.

Passant de la bouche des Celtes dans celle des Ibères (1) qui durent l'accommoder ou le plier aux exigences euphoniques de leur idiome, l'âpre binome *aw* ou *ewpenn* aura successivement revêtu les formes plus douces : *awa, ava, aoua, agua* } *penna*
ou *ewa, eva, eoua, egua* }

puis : *wa, va, oua, guapenna*, ou le heurt des deux consonnes médianes *w* et *p* a disparu par l'addition au radical *aw* ou *ew* (2) de la voyelle terminale *a*, d'où enfin : *Guapenna*. On sait que, d'après les lois de la phonétique, la labiale *w* se change en la guttuvale *g*, suivie d'un *u*, ou en *v* simple et quelquefois en *ou*.

---

(1) Le nom de la ville de *Serres*, située sur la rive droite du Buëch et adossée à un rocher en forme de promontoire, me paraît être une des traces philologiques du séjour des Ibères, dans le Gapençais. Ce nom n'est autre chose, selon moi, que le mot espagnol *Cerro*, signifiant cime, sommet isolé, mot francisé et qui est la traduction dans l'idiome Ibérien du mot Celtique *Cir*, pointe de rocher, saillie rocheuse. (Voir ma notice sur l'*Origine et la Signification du nom du Queyras*. (*Bibliothèque historique du Dauphiné*. *Xavier Drevet, editeur*.)

(2) C'est du radical celtique *aw* ou *ew* que dérivent notre mot français : *eau* ; le latin, *aqua* ; l'italien, *arqua* : l'espagnol, *agua* : le provençal, *aiga, aigua* ; le roman, *yave ou yawe* ; les vieux mots français *eve* d'où *évier* et *age* (être en age, c'est-à-dire en eau, suer; en langue d'oc, estre en aigué). Dans le patois de la Tarentaise le mot *eva* s'est conservé à côté du mot *aiga* pour exprimer l'idée d'eau.

Tandis que le signe graphique *w* s'est conservé dans les dialectes du Nord, il se rend par le *Gu* ou le *v* simple dans les langues méridionales. C'est ainsi, par exemple, que *Wilhelm* ou *William* est devenu *Guillaume*.

Ces deux radicaux celtiques *ibérianisés* ont passé dans les langues espagnole et basque, qui sont comme le prolongement et la continuation de l'idiome ibérien.

Le premier, *Gua*, entre, avec la signification de *Rivière*, dans la constitution du nom de plusieurs cours d'eau de la péninsule ibérique : *Le Guadalquivir*, *La Guadiana*, *Guadarrama*, *Guadalète*, *Guadalmedina*, *Guadalcanal*, etc. (1).

Dans le pays basque, la région pyrénéenne, on trouve des vestiges de ce radical dans le nom générique des cours d'eau dénommés : *Les Gaves*.

En Algérie, les cours d'eau portent le nom de : *Oueds*.

Le second, *Penna*, qui a formé : *Apennins*, *Alpes pennines*, est très usité dans la Péninsule ibérique pour exprimer l'idée de montagne. Je citerai : *Penaflor*, *Penarroya*, *Pena Viega*, *Pena de Aya*, *Penas Negras*, *Valdepenas*, etc.

Nuestra Senora de la Pena est un nom que l'on rencontre fréquemment, en Espagne, et qui sert à

---

(1) A rapprocher des noms dauphinois de *St-André-le-Gua*, que la Compagnie P.-L.-M. a baptisé du nom ridicule de *St-André-le-Gaz*; *Le Gua*; *Gavet*, etc.

désigner des ermitages ou des Chapelles bâtis sur le sommet d'une montagne. Dans les Pyrénées : *Pène de Montarqué, Pène Blanque, Pène Nère*, etc. Dans les Hautes-Alpes, n'avons nous pas *La Penne*, montagne entre Lus-la-Croix-Haute et St-Julien-en-Beauchaine (*Pennas Durbonis*).

Le suffixe *incum* (1) serait la particule celtique *ink* ou *enk* latinisée par les Romains, ce suffixe éveillant l'idée, si je ne me trompe, d'agglomérations d'habitations que le chef-lieu, le Gap celtique, par exemple, embrassait dans sa circonscription.

Ayant immigré dans la langue romaine, le vocable du territoire du Gap celtique est devenu *wa, va, Gua penincum*, puis, par syncopes, *wa, va, ba* (2), *Gua, Gapincum*, d'où le mot français, *Gapençais*.

Le mot primitif celto-ibère *Guapenna* demeura, pendant de longs siècles, rivé à sa lourde désinence. Les scribes du moyen âge l'en dégagèrent. C'est de cette époque, en effet, que date l'apparition de la forme actuelle du nom de *Gap* (3).

---

(1) Cette désinence se rencontre dans *Lemincum, Durofincum*, etc.

(2) *Bapincum* s'explique par ce fait qu'en Espagne et dans le midi de la France le son du *v* se confond souvent avec celui du *b*. Exemple, le mot *vino* devient *bino*.

(3) *GAP* a quelques analogues, des consanguins peut-être, qui se rencontrent dans les noms de lieux suivants : Le lieu dit du *Gap* à *Vercheny*, entre Saillans et Die ; la vallée du *Gapeau*, dans la région des Maures et de l'Esterel. *Gapian* ou *Gapian* est le nom d'une montagne entre les vallées de la Durance et de l'Avance et d'un hameau de la commune d'Espinasse.

En Pennsylvanie, dans le Lancaster County, se trouve une mine de Nickel appelée *Gap Mine*.